Liebe Diebe Triebe

Renate Spiecker

Liebe Diebe Triebe

Reime

Illustrationen Ulrike Früchtnicht

Bibliografische Information der Deutschen Nationalbibliothek:
Die Deutsche Nationalbibliothek verzeichnet diese Publikation
in der Deutschen Nationalbibliografie; detaillierte bibliografische
Daten sind im Internet über http://dnb.dnb.de abrufbar.

© 2016 Renate Spiecker
Satz, Umschlaggestaltung, Herstellung und Verlag:
BoD – Books on Demand

ISBN: 978-3-7412-4335-6

Reime über Liebe
im engeren und weiteren Sinn

1. Liebe
2. Romeo und Julia
3. Na und
4. Ohne ihn
5. Synchron
6. Sehnsucht
7. Allein
8. Eifersucht (kurz)
9. Eifersucht
10. Warum?
11. Verloren
12. Trennung per SMS
13. Lust und Leidenschaft

Liebe

Sex, Leidenschaft und Lust,
in den Betten Freud und Frust.
Unterwerfen und beherrschen,
all das nennt man Liebe.

Fesseln, peitschen, quälen,
Eroberungen zählen,
Eifersucht und Schmerz erleiden,
Gewalt ausüben, Freiheit meiden,
all das nennt man Liebe.

Sich umarmen, küssen,
den anderen vermissen,
Wärme und Geborgenheit,
Hingabe und Zärtlichkeit,
das ist Liebe.

Streiten und dann lachen,
Freude und Geschenke machen,
verzeihen und verstehen,
den letzten Weg begleitend gehen,
das ist Liebe.

Romeo und Julia

Romeo und Julia sind das bekannteste Liebespaar.
Doch wir sollten die beiden nicht beneiden,
dafür mussten sie den Tod erleiden.
Denn wenn sie nicht aus Liebe gestorben wären,
würden wir sie nicht so sehr verehren.
Es wäre ihnen ergangen wie uns allen,
ihm hätte plötzlich eine andere gefallen.
Sie hätte geweint und ihm Szenen gemacht
und er hätte nur darüber gelacht.
Die Nachtigall hätte nicht mehr geschlagen
und sie hätten sich nicht mehr vertragen.
Die Erde hätte beim Lieben nicht mehr gebebt,
die Leidenschaft hätte sich überlebt.
Drum, mein Kind, das rat ich dir,
wichtig ist nur das Heute und Hier.
Lieben heißt, Wagnisse einzugehen.
Zweifel an Gefühlen bleiben immer bestehen.
Doch da wir nicht Romeo und Julia sind,
lasst es uns wagen und nicht verzagen.

Na und

Singen, lachen, tanzen,
Läuse, Flöhe, Wanzen,
all das macht die Welt so bunt.
Na und.
Geboren werden, sterben,
Geld verdienen und vererben,
all das macht die Welt so bunt.
Na und.
Man kann alles haben, was einem gefällt,
man muss es nur haben,
das nötige Geld.
All das macht die Welt so bunt.
Na und.
Vielfarbig ist der Menschen Haut,
der eine ist ehrlich, der andere klaut.
All das macht die Welt so bunt.
Na und.
Sex, Gier und Spaß
sind vieler Menschen Maß.
Zärtlichkeit und Liebe
sind des Lebens Triebe.
All das macht die Welt so bunt.
Na und.

Ohne ihn

ich bin ohne ihn
wie die Mörderin ohne Strychnin
wie das Ei ohne Salz
wie das Bier ohne Malz
wie die Damkuh ohne Hirsch
wie der Jäger ohne Pirsch
wie die Mutter ohne Kinder
wie die Wiese ohne Rinder
wie der Weinstock ohne Reben
ich will ohne ihn nicht leben

Synchron

Liebst du mich, dann lieb ich dich.
Küsst du mich, dann küss ich dich.
Belügst du mich, belüg ich dich.
Betrügst du mich, betrüg ich dich.
Lass uns alles synchron machen,
singen, tanzen, weinen, lachen.
Dann gibt es nie Zank und Streit.
Ich bin dazu bereit.

Sehnsucht

Leer im Kopf und krank am Herzen,
ich empfinde nur noch Schmerzen,
weil ich dich so lang nicht seh,
oh, das tut ganz schrecklich weh.
Schlafen kann ich auch nicht mehr,
ich vermisse dich so sehr.
Ich kann mich nur in Kummer versenken
und immer nur an eines denken,
an deine großen Hände, dein lautes Lachen,
ich kann nichts dagegen machen,
an deine Küsse, deine Zärtlichkeit.
Nur im Schneckentempo vergeht die Zeit.
Ich fühl mich wie ein Schiff auf dem stürmischen Ozean,
der Wind kappte die Segel, es hängt keines mehr dran.
Es könnte bald kentern, doch mich wird man nicht entern.
Ich warte auf dich, bitte komm bald zurück,
das wäre für mich das größte Glück.
Goethe, dieser kluge Mann,
hat es beschrieben, wie man es besser nicht kann:
»Nur wer die Sehnsucht kennt, weiß, was ich leide.«

Allein

Ich halt es nicht mehr aus.
Ich muss hier raus.
Ich lauf durch beleuchtete Straßen
und dunkle Gassen.
Ich schau in die Fenster hinein,
überall sind Menschen,
nur ich bin allein.
Warum hat der da oben das zugelassen?
Warum musste sie mich verlassen?
Warum wurde sie mir genommen?
Ich kann nicht mehr zur Ruhe kommen.
Ich kann nicht mehr schlafen, nicht mehr essen.
Ich kann sie einfach nicht vergessen.
Es helfen keine Tabletten und auch kein Glas Wein.
Ich bin so allein.
Einsamkeit und Trauer fallen über mich her,
erdrücken mich,
das Atmen fällt mir schwer.
Warum musste das sein?
Ich bin so allein.
Es heißt nicht mehr »euch« und »ihr«.
Für mich gibt es nicht mehr ein »Wir«.
Es gibt nur noch »ich«, »mich« und »mein«.
Ich bin so allein.
Es bleiben auch die Freunde aus,
sie meiden meine Trauer,
ich bin so allein in meinem Haus.
Ich lebe nur in der Vergangenheit.

Für etwas Neues bin ich nicht bereit.
Es vergehen Monate, Wochen, Stunden.
Man sagt, die Zeit heilt alle Wunden,
aber ich kann nicht vergessen die Liebste mein,
ich bin so allein.

Eifersucht (kurz)

Ich ahne, er belügt mich. Ich glaube, er betrügt mich.
Er schaut immer nach anderen Frauen.
Ich kann ihm nicht vertrauen.
Ich krampf dann die Hände, es wackeln die Wände.
In den Kopf steigt mir das Blut.
Ich fühle nur noch Wut.
Ich möcht mit Gegenständen werfen,
gleich verlier ich meine Nerven.
Ich durchsuche seine Sachen,
ich kann nichts dagegen machen.
Ich spionier ihm nach, mit wem er sich trifft,
Eifersucht wirkt wie ein tödliches Gift.
Ich kann ihr nicht entrinnen,
sie frisst mich auf von innen.
Immer öfter frag ich mich, schaue ich in sein Gesicht:
Liebt er mich,
oder liebt er mich nicht?

Eifersucht

Der Festsaal strahlt im Lichterglanz,
die Kapelle fordert auf zum Tanz.
Die Stimmung ist gelöst und heiter,
sie drehen sich zum Walzer,
immer weiter, immer weiter.
Da kommt sie herein, sie ist ganz allein.
Sie sieht wie ein Filmsternchen aus,
dagegen bin ich eine graue Maus.
Er sieht zu ihr hinüber, ich sehe es wieder.
Er lächelt ihr zu, dieser dümmlichen Kuh.
Er geht auf sie zu, berührt ihren Arm,
war sie nicht schon in der Schule sein Schwarm?
Er fordert sie auf, mit ihm zu tanzen,
ich wünsch an den Hals ihr Flöhe und Wanzen.
Sie drehen ihre Runden, mir scheint, es sind Stunden.
Ich krampfe meine Hände, es wackeln die Wände.
In den Kopf steigt mir das Blut,
ich empfinde nur noch Wut.
Gleich verliere ich die Nerven,
ich möcht mit Gegenständen werfen.
Ich halt es nicht mehr aus, ich muss hier raus.
Jetzt kommt er zu mir zurück,
ich empfinde nur noch Glück.
Doch ich weiß, es ist nur für kurze Zeit,
dann beginnt wieder mein Leid.
Ich schau in sein Gesicht:
Liebt er mich oder liebt er mich nicht?
Nein, ich kann ihm nicht trauen,

er schaut zu viel nach anderen Frauen.
Ich spüre ihm nach, mit wem er sich trifft.
Die Eifersucht wirkt wie ein tödliches Gift.
Ich durchsuche seine Sachen,
ich kann nichts dagegen machen.
Ich misstrau ihm immer mehr,
dabei lieb ich ihn so sehr.
Ja, die Liebe gleicht einem Reh,
sie flüchtet so schnell und tut so weh.

Warum?

Warum nur hab ich sie betrogen?
Warum nur hab ich sie belogen?
Warum hab ich so viel getrunken?
Warum bin ich in die Arme der anderen gesunken?
Warum hat mich mein Verstand verlassen?
Warum habe ich mich so gehen lassen?
Warum nur hab ich es erzählt
und sie damit so sehr gequält?
Ich weiß, dass sie mir nie verzeiht, bis in alle Ewigkeit.

Verloren

Ich hab es verloren, ich find es nicht mehr.
Schränke und Schubladen räumte ich leer.
Ich suchte hier, ich suchte dort.
Ich schüttelte Betten, es ist und bleibt fort.
Ich kann nicht mehr weinen. Ich begreife es jetzt,
ich bin so traurig und verletzt.
Er hat es wieder an sich genommen,
bald wird es eine andre bekommen
– sein Herz.

Trennung per SMS

mein schatz, es ist vorbei,
mit unsrer liebelei,
mit dem küssen und getue,
ich will endlich meine ruhe.
ich will mein bett für mich allein,
ich lass dich da nicht wieder rein,
leb wohl, adieu, goodbye,
du bist jetzt wieder frei.

Lust und Leidenschaft

Lust und Leidenschaft gehören zusammen,
wie Oldtimer und Autopannen.
Der Verstand schaltet sich aus,
man kommt aus dem Dilemma nicht mehr raus.
Es existiert nur noch der Begierde Objekt,
man gleicht einer Maus,
die sieht in der Falle auch nur den Speck.
Man fühlt nur Begehren,
Blut steigt in Lenden und Kopf,
es brodelt und zischt
wie überkochende Milch im Topf.
Körper zueinander drängen,
Münder aufeinanderhängen,
Körper aneinanderpressen,
die ganze Welt wird jetzt vergessen.
Lippen öffnen sich,
ich will dich.
Weg ist Vernunft, weg der Verstand,
man wird zum Tor.
Man fällt und versinkt wie im Treibsand
oder im Moor.
Zwar gehören zur Liebe Leidenschaft und Lust,
sonst kommt es in den Betten zu Langeweile und Frust.
Jedoch Leidenschaft und Lust
existieren auch ohne Liebe,
es herrschen dann nur noch die Triebe.
Sie brauchen kein Herz, keine Zärtlichkeit,
der Partner ist austauschbar, man ist für jeden bereit.

Reime über das Glück

1. Das Kleeblatt
2. Das Rätsel
3. Das Glück

Das Kleeblatt

Ich sah es auf der Wiese stehn
und kniete nieder, es anzusehn.
Es hat einen Stängel und vier Herzen als Blatt.
Es wurd nicht gefressen, das Schaf war wohl satt.
Ich hab es gepflückt,
man sagt, es bringt Glück.

Rätsel

Man kann es nicht sehen, man kann es nicht spüren,
doch man kann es verlieren.
Es hat keine Gestalt, ist nicht jung, ist nicht alt.
Es kann nicht hören, sehen, laufen,
man kann es nicht finden, man kann es nicht kaufen.
Es ist kein Vogel, doch es kommt einem plötzlich
zugeflogen,
ein anderes Mal macht es einen ganz großen Bogen.
Man kann es nicht lieben, man kann es nicht hassen,
doch es kann uns verlassen.
Es hat viele Facetten,
wir träumen davon des Nachts in den Betten.
Wir alle wollen davon ein Stück.
Vom Glück.

Das ist Glück

Für die einen ist es
von der Sahnetorte ein ganz großes Stück,
Stille im Haus ohne Marder und Maus,
ohne Flöhe und Wanzen,
rote Schuhe zum Tanzen,
spannende Bücher zum Lesen,
ein Bierchen am Tresen,
Schafwollsocken an kalten Füßen,
den Liebsten umarmen, herzen und küssen,
Schäfchenwolken am Himmel zählen,
zwischen Erdbeer- und Vanilleeis wählen,
Sonnenstrahlen auf der Haut fühlen,
juckende Mückenstiche kühlen.

Für andere
ist es ein Lottogewinn,
für alles andere haben sie keinen Sinn.
Für sie besteht Glück nur aus Macht, Reichtum und Geld,
das sind heute sehr viele in unserer Welt.

Doch allen eins gemeinsam ist,
was man leider oft vergisst,
man weiß selten, dass man glücklich ist,
im Nachhinein erst wird es klar,
dass man damals glücklich war.

Reime der Jahreszeiten

1. Der Frühling
2. Sommerfrust
3. Sommerbild
4. Der Herbst
5. Der Winter
6. Winterzeit
7. Weihnachtseinkäufe
8. Weihnachtsmärkte

Der Frühling

Schneeglöckchen läuten ganz still und leise,
sie grüßen den Frühling auf diese Weise.
Tulpen und Narzissen lassen sich vom Regen küssen.
Kraniche und Gänse fliegen ein mit lautem Gekreische.
Sie sind wieder da, zurück von der Reise.
Der Hengst, er wiehert schrill und hell:
»Kommt, ihr Stuten, schnell, schnell, schnell!«
Die Schafe scharen sich um den Bock,
wieder kürzer wird der Mädchen Rock.
Es grünt und sprießt jetzt überall,
die Kinder spielen mit dem Ball.
Die Schnecken kriechen zu den Beeten,
sie wollen fressen, sich nicht verspäten.
Die Vögel singen ihre Lieder,
immer wieder, immer wieder.
Es wird jetzt wärmer, wieder heller,
die Tage länger, immer schneller.
Es sprießen die Triebe,
der Menschen Herz ist voller Liebe.

Sommerfrust

Ich hasse die Hitze.
Ich stöhne und schwitze,
Schweißperlen tropfen mir von der Stirn.
Die Sonne sticht mir in das Hirn.
Ameisen krabbeln aus allen Spalten,
man kann sie nur mit Pulver aufhalten.
Mücken surren um mich herum,
Wespen umschwirren mich mit ihrem Gebrumm.
Wenn sie mich stechen, sehe ich rot,
wenn ich sie kriege, schlag ich sie tot.
Auch nachts finde ich keine Ruh,
es ist zu warm, ich mach kein Auge zu.
Ich wollt, ich wär ein Eskimo
und lebte in Grönland
oder als Eisbär im Zoo.
Ich freu mich auf den Winter mit Schnee und Eis,
mir ist es im Sommer einfach zu heiß.

Sommerbild

Wie kann ich den Sommer nur sichtbar machen,
mit all seinen Farben, Düften und Lachen?
Für den Himmel nehm ich ein leuchtendes Blau,
für ein paar Wölkchen ein ganz zartes Grau,
für die Wiesen verschiedenes Grün,
um die Abstufung muss ich mich sehr bemühn,
sie reicht von dunkelgrün bis lind.
Doch wie zeichne ich das Tanzen und Wiegen der Gräser im Wind?
Die Gänseblümchen mal ich in Gelb und gedecktem Weiß.
Ich male und male mit ganz viel Fleiß.
Doch es will mir nicht gelingen,
den Sommer auf die Leinwand zu bringen.
Man sieht das Gras nicht sprießen.
Man kann den Geschmack der Beeren nicht genießen.
Man wird vom Duft der Blumen und Kräuter nicht betört.
Das Summen und Brummen der Bienen und Hummeln,
das Sirren der Mücken, das Zwitschern der Vögel
wird nicht gehört.
Man vernimmt nicht das Rascheln und Wispern der Blätter,
wenn sie tanzen, sich bewegen.
Man hört nicht das leise Rauschen vom Sommerregen.
Man fühlt auf der Haut nicht die Sonnenstrahlen,
nein, das kann ich niemals malen.

Der Herbst

Der Herbst beginnt im September
und endet im Dezember,
kurz vor der Weihnachtszeit.
Vielfältigkeit hält er bereit.
Manchmal ist es im September noch richtig heiß
und im November gibt es schon Schnee und Eis.
Die Schönwetterperiode, als Altweiber bekannt,
wird auch Altweibersommer genannt.
Millionen von kleinen Spinnen knüpfen jetzt ihre Fäden,
die dann durch die Lüfte schweben.
Von der Sonne bestrahlt und vom Tau benetzt,
sehen sie aus wie Perlenschnüre, mit Diamanten besetzt.
Das Knüpfen dieser Fäden wurde im Altdeutschen
»weiben« genannt,
daher der Name Altweiber stammt.
Äpfel, Birnen und Quitten fallen reif jetzt von den
Bäumen,
man darf das Pflücken nicht versäumen.
Die Blätter schwelgen dann in bunten Farben,
das sind des Herbstes schönste Gaben.
Die Tiere bereiten sich auf den Winter vor.
Gänse und Kraniche fliegen gen Süden, sie kreischen
im Chor.
Eichhörnchen sammeln Vorräte an Nüssen,
damit sie genug zu fressen haben und nicht
verhungern müssen.
Der Igel baut sich eine Höhle als Unterkunft,
so überlebt er und bleibt auch gesund.

Kinder basteln bunte Drachen,
sie lassen sie steigen unter Jauchzen und Lachen.
Ende Oktober ist dann Halloween.
Kinder vor der Türe stehn.
Sie drohen:
»Gib Süßes, sonst gibt's Saures von mir.«
Da wagt keiner ohne Gaben zu schließen die Tür.
Auch Kirchenfeste fallen in diese Zeit,
Man gedenkt der Toten und Heiligen
und ist für Besinnung bereit.
Dann kommen die Stürme, sie fegen das Laub von den Bäumen,
man kann nur noch vom Sommer träumen.
Doch ein Trost bleibt:
Jetzt naht die schöne Weihnachtszeit.

Der Winter

Der Winter ist ein wilder Mann,
der Angst und Schrecken verbreiten kann.
Sein weißes Haar und der zottelige Bart
sind von Eiskristallen ganz erstarrt.
Er hebt seinen Zauberstab
und weiße Flocken rieseln herab.
Sie fallen und decken alles zu,
die Vögel singen nicht mehr, es herrscht Grabesruh.
Er bläst seine gewaltigen Backen auf,
eiskalte Luft stößt er hinaus.
Die Menschen bleiben im warmen Haus.
Teiche, Bäche und Flüsse frieren zu
im Nu.
Straßen verwandeln sich in Schlittschuhbahnen.
Sie nicht zu benutzen, alle warnen.
Anlieger müssen jetzt den Gehweg streuen.
Wer es vergisst, muss es bei einem Unfall bitter bereuen.
Er wird dann vor Gericht zitiert,
die Rechnung wird ihm präsentiert.
Doch der Winter kann auch gütig sein
und sorgt auch mal für Sonnenschein.
Alles sieht dann wie verzaubert aus
und Jung und Alt stürzt aus dem Haus.
Jetzt kann man Schneeballschlachten machen,
Schlittschuhlaufen und jauchzen und lachen.

Winterzeit

Kalte Füße, rote Nasen,
Tannenzweige in den Vasen,
klobige Schuhe, dicke Jacken,
Schals geschlungen um den Nacken,
an den Füßen Schafwollsocken,
lesend auf dem Sofa hocken,
Nüsse knacken, Kekse backen,
Schnee wegräumen,
sehnsüchtig vom Sommer träumen,
Husten, Schnupfen, Heiserkeit,
jetzt ist sie da, die Winterzeit!

Weihnachtseinkäufe

Was musste man früher hetzen und laufen,
um alle Weihnachtsgeschenke zu kaufen.
Sehr begehrt waren dann Parfüm und Pretiosen.
Mutige kauften sogar Unterhosen,
Pardon, natürlich Dessous genannt,
die Größen waren ihnen selten bekannt.
Die schönen Sachen passten dann nicht,
deshalb gab es oft ein langes Gesicht.
Die Beschenkten taten nicht mal erfreut,
dieser Kauf wurde dann oft bitter bereut.
Heutzutage ist man viel besser dran.
Man sieht im Computer sich alles an,
vergleicht die Preise,
bestellt und lässt es sich schicken dann.
Zwar hat man auch hier die Qual der Wahl,
dafür spielt man am Computer, da ist doch alles egal.
So erwirbt man selbst Abendkleid und Schuh,
notwendige Accessoires kommen auch noch dazu.
Die Beschenkten haben oft Freude daran.
Sie tragen die Schuhe und ziehen die Kleider gleich an.
So kann man beim Silvesterball die Schönste und
Schickste sein.
Nach dem Fest kommen die Sachen wieder in das
Paket hinein.
Alles geht an den Verkäufer zurück,
das geht ja ganz einfach, zum Glück.
Beim Versandhandel hat man gar keine Scheu,

bei den Massen merkt keiner, dass etwas getragen ist
und nicht mehr neu.
Es gibt keinen Verkäufer, dem man ins Gesicht
schauen und belügen muss.
Das ist der Unterschied zum Judaskuss.

Weihnachtsmärkte

Geschiebe und Gedränge,
fürchterliche Enge.
Sie kommen in Gruppen,
rote Zipfelmützen auf dem Kopf,
vertilgen Pommes und scharfe Suppen aus dem Topf.
Sie schütten Alkohol in sich hinein
und meinen alle, das muss so sein.
Es riecht nach Glühwein und schlechtem Fett,
später fallen viele betrunken ins Bett.
Menschenmassen, Hunde mit eingeklemmtem
Schwanz inmitten,
drängen zu den Ständen mit Würstchen und Fritten.
Zigaretten halten sie in der Hand,
manch Loch wird in fremde Kleidung gebrannt.
Weihnachtsstimmung und Besinnlichkeit,
die gibt es nicht,
das ist eine Mär aus uralter Zeit.
Man spürt nicht, was Weihnachten bedeuten soll,
Christus ward geboren,
auf Neudeutsch gesagt,
das ist doch so toll.

Reime der Tageszeiten

1. Der Morgen
2. Die Nacht

Der Morgen

Aufstehen, aufstehen, es krähen schon die Hähne,
da hilft kein Gezeter, da hilft keine Träne.
Schluss mit der Träumerei,
die Nacht ist vorbei.
Der Tag ist da mit allen Plagen,
die Mäuse hören auf zu nagen,
der Marder beendet seinen Krach,
es herrscht wieder Stille unter dem Dach.
Aus dem Bett, schnell, schnell,
der Tag ist da, es ist schon hell.

Die Nacht

Die Nacht ist eine alte Frau,
trägt meistens Schwarz, manchmal auch Grau.
Zunächst wirkt sie so richtig nett
und setzt sich lächelnd an dein Bett.
Schöne Träume sie dir bringt,
macht dich zum Star, der herrlich singt,
du kannst mit viel Geld um dich werfen,
bist Supermann, ganz ohne Nerven.
Plötzlich verbreitet sie Angst und Schrecken,
legt sich eiskalt unter deine Decken,
gaukelt dir furchtbare Taten vor,
flüstert Unheil dir ins Ohr –
dein Fußballverein schießt nie mehr ein Tor.
Dein Liebster betrügt dich mit anderen Frauen.
Es kommt das Entsetzen, es kommt das Grauen.
Deine Kehle schnürt sich zu.
Du findest keine Ruh.
Bis der Morgen kommt,
der lustige Gesell,
mit Vogelgezwitscher und Hundegebell.
Die Alte verschwindet, sie ist plötzlich fort.
Dein Bett ist wieder ein friedlicher Ort.

Beschreibungen

1. Das Gänseblümchen
2. Der Apfel
3. Der Hund
4. Das Bett
5. Die Hände
6. Der Tod
7. Das Alter

Das Gänseblümchen

Der Stängel trägt stolz eine einzelne Blüte,
wie Damen ihre Sommerhüte.
Die gelbe Mitte leuchtet golden im Licht,
kleine weiße Blätter umrahmen sie
wie blonde Locken ein hübsches Gesicht.
Junge Mädchen zupfen die Blütenblättchen mit der Frage:
Liebt er mich, ja oder nein,
will er der Meine sein,
für alle Tage?
Sie pflücken die Blümchen und binden den Kranz,
setzen ihn auf und eilen zum Tanz.
Doch wie kam das Gänseblümchen zu seinem Namen?
Ich weiß es nicht und kann es nur ahnen.
Wahrscheinlich sind Gänse darauf versessen,
es mit Blatt und Blüten aufzufressen.
Doch dann habe ich nachgelesen
und festgestellt, es ist ganz anders gewesen.
Der Name aus dem Mittelalter stammt,
das Weiß der Gans war allen bekannt.
Der Vergleich mit der Gans und deren Farbe allein
brachte dem Blümchen den Namen ein.

Der Apfel

Zunächst ist er eine kleine weißrosa Blüte an einem Baum,
eine von vielen, die einzelne bemerkt man kaum.
Umhüllt von grünen Blättern sie schaukelt im Wind
wie in der Wiege das ganz kleine Kind.
Mit ihrem Duft lockt sie Biene und Hummel an,
die wollen ihren Nektar und fliegen heran.
Sie krabbeln dabei in die Blüte hinein,
dann haften die Pollen an ihrem Bein.
Sie fliegen weiter von Blüte zu Blüte,
so erfolgt die Bestäubung, nur so kommt später die Frucht in die Tüte.
Nach circa vier Monaten dann
man einen runde Frucht am Baume erblicken kann.
Es ist der Apfel, lateinisch »malus« genannt,
übersetzt heißt es »böse«,
das ist kaum bekannt.
Der Name sicher aus der Bibel stammt.
Die Geschichte von Adam und Eva ist allen bekannt.
Sie haben unter dem Baum der Erkenntnis gesessen
und trotz der Verbote den Apfel gegessen.
Na, wie konnte Adam auch widerstehn,
als er das rotbäckige Früchtchen bekam zu sehn?
Er roch den herrlichen Duft
und seine Gier war erwacht.
Die Schlange hat gesiegt und der Teufel gelacht.
Auch bedichtet wurde der Apfel,
wie uns allen bekannt.

In Schneewittchens Sarg man ein Stück Apfel fand.
Und Wilhelm Tell legte ihn seinem Sohn aufs Haupt,
fast hätte es ihm den Verstand geraubt.
Ärzte raten, man soll ihn täglich essen,
dann kann man die Besuche bei ihnen vergessen.

Der Hund

Hunde der Menschen liebste Begleiter sind.
Sie rangieren bei vielen noch vor einem Kind.
Manche ziehen sie auch vor einer Frau.
Sie geben keine Widerworte,
sie bellen nur: »Wau, wau, wau.«
Man kann sie dressieren und Gehorsam erzwingen,
dann machen sie Männchen
und das Stöckchen sie bringen.
Bei Frauen und Kindern ist das viel schwerer,
das gelingt nur einem besonderen Lehrer.
Es ist erstaunlich,
manchmal ähneln sich Mensch und Hund,
damit wird ihre Verbundenheit auch äußerlich kund.
Auch kann man immer mehr Nachrufe lesen,
wonach er der beste Freund gewesen.
Er hat sich in ihre Herzen gefressen,
sie werden ihn nimmermehr vergessen.
Gangster und Ganoven
haben keinen Pudel oder Retriever,
sie halten sich einen Kampfhund viel lieber.
Dogue de Bordeaux oder Mastiff
sind bevorzugte Rassen,
auch äußerlich sie oft zusammenpassen.
Beide verbreiten Angst und Schrecken,
man möchte ihnen nicht im Dunkeln begegnen,
nicht ums Verrecken.
Zu Models würden nur Windhunde passen,
die darf man auch nicht sich satt essen lassen.

Früher man für Möpse schwärmte,
ihre kurzen Beinchen, ihr Röcheln,
vor Mitleid das Herz erwärmte.
Auch die Vorliebe für Hunderassen unterliegt dem Modetrend,
heutzutage doch jeder den Labrador oder Retriever kennt.
Auf der Beliebtheitsskala stehen sie obenan,
weil sie so hübsch und freundlich sind zu jedermann.
Braucht man jedoch einen Schutz für das Haus,
sucht man sich besser einen anderen aus.
Das sollte ein echter Wachhund sein,
der keinen Räuber lässt herein,
der laut bellen und auch mal beißen kann,
so dass ihn fürchtet jedermann.
Man würde Hunde noch lieber haben,
würden sie nicht überall kacken, scharren und graben.
Manchmal kommen sie auf einen zugelaufen,
mit fletschenden Zähnen, Bellen und Schnaufen.
Herrchen und Frauchen rufen dann fix:
»Der will nur spielen, der tut euch nix!«
Sie wollen es wissen und tun es kund,
aber man fragt sich: Weiß das auch der Hund?

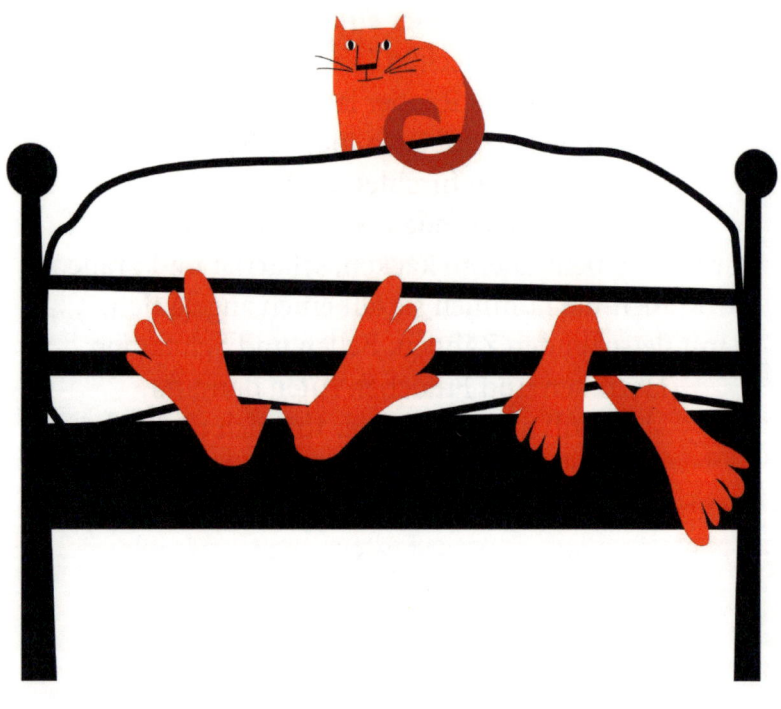

Das Bett

Das Bett ist das schönste Möbelstück,
es beschert vielen Menschen großes Glück.
Man kann darin nur einfach schlafen,
doch das tun nur die Müden und Braven.
Man liegt dann in dem Bett allein,
viel schöner ist es doch zu zweien.
Man kann darin aufregendere Dinge tun,
als zu schlafen und sich auszuruhn.
Man kann darin der Liebe frönen
und vor Lust seufzen und stöhnen.
Man kann den Liebsten darin verführen
und lässt sich dann überall berühren.
Hätt man es nicht, man würd es vermissen,
es fehlte ein Ort zum Schmusen und Küssen.
Alles wäre ohne das Bett nur halb so nett.
Man kann darin lesen, ja sogar essen
und die ganze Welt vergessen.
Man kann darin so herrlich träumen
und alle Pflichten ganz versäumen.
Man kann auch Kissenschlachten machen,
kann kuscheln, fernsehen, streiten und lachen.
Manchmal legt sich ein Albtraum auf die Brust,
dann herrscht nur noch Schrecken
und nicht mehr die Lust.
Zum Ende kann man darin auch noch sterben,
das ist zwar traurig, doch freut es die Erben.

Die Hände

Sie sind jung oder alt,
warm oder kalt,
immer bereit
und stets zu zweit.
Man schüttelt sie, wenn man sich begrüßt,
in noblen Kreisen man sie dann auch küsst.
Man kann mit ihnen jubeln,
dann streckt man sie in den Himmel,
doch das macht man nur bei Events im
Menschengewimmel.
Man kann sie auch zum Gebet falten,
doch das tun heute leider nur noch die Alten.
Man braucht sie im Haushalt,
zum Bügeln und Waschen,
Diebe greifen damit in fremde Taschen.
Man kann sie auch im Garten nutzen,
zum Säen und Ernten
und Heckestutzen.
Man kann mit ihnen zärtlich streicheln
und Liebe bereiten.
Die Zügel müssen sie halten beim Reiten.
Man braucht sie für die Computertasten,
sie kommen nicht zur Ruh, können kaum rasten.
Man kann mit ihnen Autos lenken,
doch sie können auch Fahnen schwenken.
Sie können stechen, schlagen und schießen,
das führt dann oft zu Blutvergießen.

Sie können Bomben zünden, Städte in Schutt und
Asche verwandeln,
Eroberung und Krieg wird genannt dieses Handeln.
Doch sie trifft keine Schuld an diesen Taten,
sie tun nur,
was der Menschen Hirn ihnen befohlen und geraten.
Sie können nicht überlegen, führen nur aus,
wie die Falle, wenn sie fängt eine Maus.
Die Hände.

Der Tod

Der Tod, genannt der Sensenmann,
einem das Leben vergällen kann.
Man will alles lenken,
nicht an ihn denken,
doch das ist vergebens.
Das ist die Tragik des Lebens.
Er singt wilde Lieder und mäht alles nieder.
Krieg, Totschlag und Morde, diese gewalttätige Horde,
bringt ihm viel Beute ein.
Er braucht gar nicht groß tätig zu sein.
Zu manchen kommt er mit Gewalt.
Zu Mann und Frau, zu Jung und Alt,
der Tod.
Doch er kann auch zärtlich sein,
lässt manchen schlafen ruhig ein.
Er kommt dann heimlich und verstohlen,
auf leisen, dicken Gummisohlen,
um ihn zu holen.
Der Tod.
Es tickt die Uhr, es läuft die Zeit,
doch selten ist man schon bereit,
mit ihm zu gehen,
das muss man verstehen.
Es lockt auch nicht die Ewigkeit.
Doch was wäre ohne Sterben?
Möchte man ewig leben auf Erden?
Faltig, gebrechlich und alt,
die Füße immer kalt?

Wir müssen mit ihm leben,
auch wenn wir nach Unsterblichkeit streben.
Dem Tod.

Das Alter

Das Alter, dieses Ungeheuer, schleicht sich ganz langsam an.
Verschont nicht Frau,
verschont nicht Mann.
Zunächst bemerkt man es kaum,
denn es kommt leise gekrochen,
dann schnappt es zu und saugt uns die Kraft aus den Knochen.
Wir können danach kaum noch laufen,
müssen beim Treppensteigen schnaufen.
Es ist Arthrose, denken wir,
jedoch, es ist dies Ungetier.
Die Zähne greift es als Nächstes an, bohrt Löcher rein,
wie jeder Zahnarzt sehen kann.
Aus den Haaren zieht es den Farbstoff raus,
sie werden grau oder weiß und fallen aus.
Der Haut nimmt es die Feuchtigkeit,
sie wird faltig, runzlig und alt mit der Zeit.
Selbst Augen, Ohren und Kopf nimmt es nicht aus.
Es ist wirklich ein Graus.
Das Sehen fällt dann richtig schwer
und hören kann man auch nicht mehr.
Man kann nichts mehr behalten,
man gehört jetzt zu den Alten.
Man kann dieses Monster zwar nicht besiegen,
doch gibt es Mittel, es zu bekriegen.
Mit einer Brille können wir wieder sehen,
mit Hörgeräten wieder verstehen,
mit Implantaten wieder gehen.

Gefühlvolle Reime

1. Träume
2. Abschied
3. Ich lebe noch

Träume

Ich spielte Beethovens Elise auf dem Klavier,
und Hunderte von Leuten applaudierten mir.
Er weckte mich mit einem Kuss,
da war jäh Schluss.
Ich schritt durch eine Tür,
Menschen bildeten ein Spalier.
Sie jubelten mir zu, mir, nur mir.
Ich ging zur Bühne und trat dann vor,
ich sang meine Lieder, begleitet vom Chor.
Er weckte mich mit einem Kuss,
da war jäh Schluss.
Ich saß vor einer Prüfungskommission,
sie starrten mich an, doch von mir kam kein Ton.
Schweiß tropfte mir von der Stirn,
ich zermarterte mein Hirn.
Ich kannte die Antwort nicht.
Da ging an das Licht,
er beugte sich über mich mit einem Kuss,
da war jäh Schluss.
Ich ging durch die Straßen und war völlig nackt,
ich wurde von der Polizei gepackt.
Ich schämte mich und weinte sehr,
da sagte er: »Wach auf, mein Knuddelbär.«
Dann gab er mir einen Kuss,
da war jäh Schluss.
Ich schwebte, sah unter mir Bäume,
Häuser und Wiesen,
da musste ich niesen.

Wieder war jäh Schluss,
doch es fehlte der Kuss.

Abschied

Ich bin so müde und möchte nur schlafen.
Ich verlasse jetzt unseren sicheren Hafen.
Bette mich zur letzten Ruh, schließe meine Augen zu.
Sei nicht traurig, weine nicht.
Ich flieg in den Himmel, ins strahlende Licht.

Ich lebe noch

Ich bin weit über 70 Jahr und immer grauer wird mein Haar,
ich kann nicht mehr weit laufen, beim Treppensteigen muss ich schnaufen,
auch sehen und hören kann ich vieles nicht,
im großen Zeh plagt mich die Gicht.
Ich kann vieles nicht behalten,
ich gehöre zu den Alten.
Ach wäre ich doch eine Antiquität,
die wertvoller wird, je mehr Jahre sie zählt.
Dank Implantat kann ich wieder gehen,
mit Hörgeräten alles verstehen,
zum Lesen hab ich eine Brille
und ungebrochen ist mein Wille.
Das Alter soll mich nicht kleinkriegen
und meinen Lebensmut besiegen.
Ich will noch Freude am Leben haben, will mich an gutem Wein noch laben,
will Freundschaften schließen und die Liebe genießen.
Jeden Tag begrüße ich mit dem Wort:
»Wie schön, ich lebe noch, bin noch nicht fort.«
Jeden Abend, wenn ich komm zur Ruh,
schließe ich die Augen und rufe mir zu:
»Der Tag war gut trotz aller Plagen, hoffentlich kann ich noch lange sagen:
Wie schön, ich lebe noch.«

Freche Reime

1. Schönheitswahn
2. Jugendwahn
3. Werbung
4. Frauen
5. Der Bindestrich
6. Ratschlag
7. So behält man seinen Mann
8. Erben und Vererben
9. Endlich weg
10. Hätte und wäre
11. Die Gier

Der Schönheitswahn

Sie blickt in den Spiegel und sieht voller Schrecken,
zu klein ist der Busen, zu breit ist das Becken.
Um den Bauch wabbelt der Speck,
da müssen viele Pfunde weg.
Ihr Bindegewebe scheint überall schlaff,
wie kriegt man das nur wieder straff?
Im Gesicht, da sieht sie Falten,
das macht sie zu einer Alten.
Die Haare sind strähnig,
der Glanz ist erloschen,
auch hat sie zu viele Sommersprossen.
Sie beschließt, sofort zu handeln,
um sich völlig zu verwandeln.
Die Haut bearbeitet sie mit einem Peeling,
die Werbung verheißt ein herrliches Feeling.
Sie wird auch überall enthaart,
sie ist dann überall ganz zart.
Liften und Botox ermöglichen dann,
dass sie fast faltenlos werden kann.
Um schlank zu werden, gibt es Pillen,
damit kann sie das Fett so richtig killen.
Die Lippen werden nicht vergessen,
auf einen sinnlichen Schmollmund ist sie ganz versessen.
Auch der Po erhält einige Spritzen,
er wird sexy und runder, sie kann kaum noch sitzen.
Zum Schluss wird dann die Brust operiert,
die Größe XXL wird modelliert.
Doch die »Neugestaltung« brachte kein Glück.

Er hat sie verlassen und kehrt nicht zurück.
Er liebt eine andre mit barocker Figur,
an ihr ist nichts künstlich, sondern alles Natur.
Und die Moral von der Geschicht:
Wichtig ist nur der Inhalt und nicht die Hülle,
wie bei der Kanne die Tülle,
durch sie wird nur Flüssigkeit gegossen,
der Tee allein wird von allen genossen.

Jugendwahn

Früher saßen alte Männer hustend hinter dem Ofen,
heutzutage reisen sie um die Welt
und fliegen nach Mallorca zum Schwofen.
Viele verlassen ihre Frauen
und lassen sich mit Jüngeren trauen.
Früher trugen alte Frauen Schwarz
und auf dem Kopf einen Dutt,
heutzutage beweist ihr Outfit oft sehr großen Mut.
Sie lieben knallbunte Farben
und tragen sehr kurz den Rock,
aufs Altsein haben sie alle gar keinen Bock,
darunter sieht man dann blickdichte Strümpfe,
damit keiner über ihre Krampfadern die Nase rümpfe.
Sie ölen und fetten und cremen sich ein,
sie wollen partout wieder jünger sein.
Es helfen ihnen dabei viele Leute,
sie sind ihre willkommene Beute.
Der Schönheitschirurg entfernt Dellen und Speck,
die Kosmetikerin bügelt die Falten weg.
Schlank werden, schlank sein ist ihre Devise,
sie ernähren sich von Grünzeug
wie die Schafe auf der Wiese.
Greise wollen noch Marathon laufen,
obwohl sie beim Treppensteigen schnaufen.
Sie tun alles, um sich fit zu halten,
doch sie bleiben stets die Alten.
Es wäre für sie alle das größte Glück,
käme ihre Jugend wieder zurück.

Sie laufen dem Wahn hinterher
und machen sich damit das Leben schwer.

Werbung

Was wären Zeitschriften und Fernsehen schön,
bekäme man nicht so viel Werbung zu sehn.
Sie preisen Produkte mit großen Versprechen,
sie nicht zu benutzen, ist fast ein Verbrechen.
Sie lassen auf Glatzen Haare wachsen und sprießen,
man muss sie nur mit dem richtigen Mittel begießen.
Mit Lotions und Cremes verschwinden die Falten,
das glauben dann auch noch die runzligen Alten.
Dank Haarfärbemitteln wirkt man viel jünger,
mit entsprechenden Pillen
wird man schlanker und dünner.
Leidet man unter Schweißgeruch nach vielem Schwitzen,
muss man nur ein bestimmtes Deo benützen.
Dann muss die Haut noch zart und haarlos sein,
so fängt man einen Mann sich ein.
Nur so kann man ihn betören,
man muss nur auf die Werbung hören.
Auch Nahrungsmittel werden angepriesen,
Werbung will Einfluss nehmen auf unser Genießen.
Sie verschweigt, dass Wasser ins Fleisch wird gespritzt,
und die Chemie im Gemüse, die bleibt, auch wenn
man's erhitzt.
Sie preisen Mittel zum Reinigen und Putzen,
alles nur zu unserem Nutzen.
Es säubert sich alles von ganz allein,
kommt in den Eimer nur das Mittel XX hinein.
Scharen von Werbeleuten arbeiten daran,
wie man uns zum Kaufen verführen kann.

In der Wortwahl sind sie nicht zimperlich:
»Geiz ist geil!« ist doch wirklich ganz fürchterlich.
Weil wir es uns wert sind,
sollten wir nicht alles glauben.
Sie wollen nur unser Geld, sie wollen uns berauben.

Frauen

Bescheiden, sittsam und still,
ein Mann eine Frau gerne haben will.
Doch da muss er lange suchen,
sie ist so selten wie ohne Eier ein Kuchen.
Frauen fordern heutzutage laut ihre Rechte ein.
Sie wollen nicht mehr zurückstehen,
nicht mehr bescheiden sein.
Auch von Sittsamkeit wollen sie nichts mehr wissen,
sie wollen nicht allein liegen in ihren Kissen.
Sie wollen Spaß haben, Sex und Lust
und nicht in den Ehebetten den langweiligen Frust.
Sie wollen mehr als Küche, Kinder und Haus,
damit ist es ein für alle Mal aus.
Zunächst befreiten sie sich vom Korsett,
das fanden die Männer ja noch ganz nett,
sie brachten sie dann auch viel schneller ins Bett.
Doch sie wollten sich auch geistig
nicht mehr einengen lassen,
wollten wählen und mitbestimmen,
jetzt begann man sie zu hassen.
Suffragetten wurden sie genannt,
im Mittelalter hätte man sie als Hexen verbrannt.
Sie strebten nach Bildung, begannen zu lesen,
wollten Selbständigkeit,
das war der Beginn einer ganz neuen Zeit.
Sie studierten und erklommen die Karriereleitern
immer weiter, immer weiter.
Die armen Männer, sie tun einem fast leid,

vorbei ist es mit ihrem Herrschaftsanspruch
bis in alle Ewigkeit.
Auch der Männer Lieblingsmär – vom Penisneid –
gilt heut nicht mehr.
Das Geschlecht ist heut nicht mehr wichtig,
das ist gut so und für die meisten auch richtig.

Der Bindestrich

Durch den Namen wir uns identifizieren,
darum steht er im Pass und in allen Papieren.
Man muss ihn überall nennen,
Meldeamt, Finanzamt und Polizei müssen ihn kennen.
Nur Ganoven und Gauner geben falsche Namen an,
damit man sie nicht ergreifen,
verurteilen und bestrafen kann.
Frauen verloren früher ihre Namen,
wenn sie einen Mann sich nahmen.
Mit dem Ehegelöbnis, besiegelt mit einem Kuss,
war mit ihrem Nachnamen Schluss.
Das führte oft zu großem Schmerz,
mancher brach es fast das Herz.
Vor allem wenn sie dann Müller oder Meier hießen
und ihren individuelleren Namen verließen.
Doch heutzutage haben sie die Wahl,
nehmen sie ihren, seinen oder beide,
was für eine Qual!
Oft fangen Streit und Zank schon vor der Hochzeit an,
er fordert dann:
»Mein Name ist dran, ich bin schließlich der Mann.«
Sie will auf ihren nicht verzichten,
droht sogar mit den Gerichten.
So geht es hin, so geht es her,
doch es gibt eine Lösung,
der Bindestrich macht's möglich,
das ist gar nicht schwer.
Müller-Meier – das macht doch was her.

Müller – Meier

Schließlich soll ein Bindestrich die Zusammen-
gehörigkeit von Begriffen stärken,
damit es auch die Dümmsten merken.
Darum so viele Frauen danach streben,
sie sind der neue Typ für ein modernes Eheleben.
Mit dem Doppelnamen wird der Ehestand
gleich allen bekannt,
das ist viel wirkungsvoller als ein Ring an der Hand.
Den kann man abnehmen jederzeit
und ist für ein Abenteuer schnell bereit.
Frauen behalten den eigenen Namen oft nicht,
weil man sonst nicht bemerkt,
dass man sich hat verehelicht.
Das gilt vor allen Dingen für die Damen,
die ein Exemplar ergattert haben,
das reich oder berühmt oder beides ist,
damit man sie in der Öffentlichkeit ja nicht vergisst.
Früher war es sogar Brauch,
hatte er promoviert, war sie Frau Doktor auch.
Den Namen des Mannes anzunehmen,
muss man als moderne Frau ablehnen.
Das verstößt gegen Mainstream und Genderismus,
man nennt einen Ferrari doch nicht einen Bus.
Die Emanzipation beginnt bei dem eigenen Namen,
die Frau ist das Bild, er ist der Rahmen.

Ratschlag

Liebe deinen Nächsten, schon in der Bibel steht.
Manche verstehen das als Aufruf zur Promiskuität.
Sie wechseln die Partner wie Frauen das Kleid.
Später tut ihnen immer alles sehr leid.
Auch die Ehe ändert daran nicht viel!
Für viele scheint sie ein befristetes Spiel.
Kaum einer denkt an das 6. Gebot,
Erinnerung täte mal wieder not.
Auch Pastoren und -innen verfahren so heute,
sie sind eben auch keine frömmeren Leute.
Es ist wohl leichter, darüber zu reden,
als nach Beständigkeit einer Ehe zu streben.
Darum hört auf, ewige Treue zu schwören,
man glaubt es nicht mehr und kann's nicht mehr hören.
Wie sagte Schiller, der kluge Mann?
»Der Wahn ist kurz, die Reue lang.«
Wenn es unbedingt muss sein,
geht nur ins Standesamt hinein.
Besiegelt die Partnerschaft mit einem Kuss,
man dann keinen Meineid schwören muss.
Steckt auf die Ringe,
vermeidet die Kirche mit Prunk und Gesinge,
dann wird sie mit Lügen auch nicht konfrontiert.
Das Eheende ist meistens schon vorprogrammiert.
Und denkt stets daran,
dass eine Scheidung sehr teuer werden kann!

So behält man seinen Mann

Lass die Liebe nie erkalten,
willst du ihn auf Dauer halten.
Vermeid im Ehebett ständigen Frust,
teile mit ihm Last und Lust.
Dass Liebe durch den Magen geht,
in vielen klugen Büchern steht.
Füttere ihn, so wird er fett,
dann holt ihn keine in ihr Bett.
Lass ihn ruhig nach Frauen schauen,
man muss sich einfach nur vertrauen.
Beim Fernsehen sieht er sie sogar nackt,
da einen auch nicht die Eifersucht packt.
Sollte er mal untreu werden,
bereite ihm nicht die Hölle auf Erden.
Verzeihe ihm und denk daran,
was man jetzt zur Versöhnung haben kann.
Nimm ihn aus wie eine Weihnachtsgans,
dann geht er mit dir sogar zum Tanz.
Man muss aus allem das Beste machen,
in vielen Jahren, zur Goldenen Hochzeit,
wird man darüber zusammen lachen.
Will er seinem Hobby frönen,
hör auf mit Jammern und mit Stöhnen.
Lass ihm die Freiheit, lass ihn laufen,
dann kannst du dich ausruhen und auch mal
verschnaufen.
Und denke stets daran,
so schnell findet Frau keinen besseren Mann.

Hast du schon einen im Visier,
überleg es dir wohl,
das rate ich dir.
Vor der Heirat schenkt er dir rote Rosen,
später schmeißt er sie überallhin,
seine Unterhosen.

Erben und Vererben

Wenn Menschen sterben, gibt's oft was zu erben.
Zunächst empfindet man Dankbarkeit,
doch dann kommen Habgier und Neid
und es gibt Streit.
Ein jeder will alles für sich allein.
Es gibt nur noch ein Wort: mein, mein, mein.
Sie geraten in Wut, manchmal fließt Blut.
Sie ziehen vor Gericht und klagen,
sie werden sich nie mehr vertragen.
Drum verschleudere deine Habe,
nur das verschafft dir Frieden im Grabe.

Endlich weg

Als ich nach Hause kam, war ihr Kleiderschrank leer,
das verwunderte mich sehr.
Und auf dem Tisch, da lag ein Wisch,
darauf stand von ihr geschrieben,
sie würde einen anderen lieben.
Ich holte tief Luft und fing an zu lachen,
sie konnte mir keine größere Freude machen.
Endlich bin ich wieder allein,
ich zieh wieder bei meiner Mutter ein.
Sie wird mich verwöhnen wie in früheren Tagen,
ich musste nicht mal den Müll raustragen.
Muss nicht mehr meine Hemden bügeln,
muss meinen Hunger nicht mehr zügeln,
Mutter kocht meine Lieblingsspeisen,
brauch nicht mehr in der Welt rumreisen.
Kann wieder auf dem Sofa hocken,
in Jogginghosen und Schafwollsocken.
Kann wieder in die Kneipe gehen,
muss nicht mehr vor Schaufenstern stehen.
Kann wieder reden, so viel ich will,
und niemand sagt: »Sei endlich still.«
Heute hat sie mir erneut geschrieben,
sie würde mich noch immer lieben.
Das war ein Schreck,
hoffentlich bleibt sie für immer weg.

Hätte und wäre

»Hätte« und »wäre« von vielen die liebsten Worte sind.
Sie jammern damit Vergangenem nach,
wie Mütter einem entlaufenen Kind.
Hätte die Natur mich mit mehr Schönheit bestückt,
wär mir im Leben alles geglückt.
Hätte ich nicht zu viel getrunken,
wäre ich nicht in die Arme der Falschen gesunken.
Wären meine Lehrer eifriger gewesen,
könnte ich heute besser schreiben und lesen.
Hätten meine Eltern geschenkt mir mehr Liebe,
wäre ich nicht geworden zum Diebe.
Hätte die Kassiererin mir gleich das Geld gegeben,
wäre sie heute noch am Leben.
Hätte sie sich nicht geweigert,
mich zu lieben und zu küssen,
hätte ich sie nicht erschlagen müssen.
Die anderen sind immer am eigenen Versagen schuld,
das ist bei uns geradezu Kult.
Das schlechte Umfeld, zu wenig Geld in der Tasche –
auch vor Gericht zieht diese Masche.
Selbst bei Mord und Totschlag
wird die Strafe im Urteil gemildert,
wenn man diese Umstände hat geschildert.

Die Gier

Mein, mein, mein,
nie dein, dein, dein,
nicht euer und nicht ihr,
so spricht die Gier.
Sie kennt nur: nehmen, nehmen, nehmen,
und nicht geben, geben, geben.
Sie will Ansehen, Macht und Geld,
denn das regiert die Welt.

Provokationen

1. Stoßgebete
2. Faulheit
3. Politiker
4. Arztkittel

Stoßgebete

Heiliger St. Florian,
verschon mein Haus,
zünd das des Nachbarn an.
So beten viele Leute,
nicht erst seit heute.
Doch dieser Wunsch gilt nicht mehr nur für Feuer
und Brand,
er ist vielmehr üblich in unserem Land.
Einbrecher überfallen uns in unserem Haus,
nachts wagt man sich aus Angst nicht mehr hinaus.
Diebe beherrschen unsere Straßen,
sie treiben ihr Unwesen, man kann sie nicht fassen.
Sie stehlen aus unseren Taschen das Geld
und schlagen zu, wenn man nicht stillehält.
Mehr Polizei muss her, das muss endlich sein,
wann seht ihr das nur endlich ein?
Ihr wollt doch gewinnen die Wahlen,
man kann doch alles mit Steuergeld zahlen.
Schröpft die Reichen, die mehr haben als ich,
dann trifft's nicht mich.
Die Welt muss endlich gerechter werden,
damit alle haben den Himmel auf Erden.
Lasst die zahlen, die mehr haben als ich,
dann trifft's nicht mich.

Faulheit

Die Faulheit zu den sieben Todsünden zählt
und nicht das Streben nach Reichtum und Geld,
wenn es nicht kommt zur Gier dabei,
das wäre nämlich Todsünde Numero zwei.
Faulheit wird heutzutage anders genannt.
Sie ist jetzt unter »null Bock« bekannt.
Faule wollen des schnöden Mammons wegen
ihren Hintern kein bisschen mehr bewegen.
Sie genießen vom Staat ihre Alimente
und essen genüsslich Spaghetti al dente.
Es ist viel schöner, im warmen Bett zu liegen,
als aufzustehn, um den Bus noch zu kriegen.
Es ist viel schöner, vor dem Fernseher zu sitzen,
als im Büro bei stupider Arbeit zu schwitzen.
Es ist viel schöner, in den Tag zu leben,
als des Geldes wegen zu ackern und zu streben.
Nichtsnutze und Taugenichtse – das waren die Namen,
die Faule in früheren Zeiten bekamen.
Man ist zu bequem, um selbst zu denken
und die eigenen Geschicke zu lenken.
Fleißig und strebsam sollen andere sein,
sonst kommen die Steuergelder ja nicht herein.
Was kann einer dafür, dass ihm Fleiß nicht so liegt
und bei der Arbeit er die Kurve nicht kriegt?
Hier muss gefälligst die Gesellschaft einspringen
und den angemessenen Lebensunterhalt erbringen.
Ein Recht auf Faulheit wird gefordert,
bald wird das Mindesteinkommen für alle geordert.

Warum soll man sich dann noch plagen,
wenn man alles umsonst kann haben?

Politiker

Als Abgeordnete haben sie sich mit ihrem Eid
dem Wohle des Volkes verpflichtet,
doch ihr Handeln sich oft nicht danach richtet.
Sie denken in erster Linie an ihre Wiederwahl,
alles andere ist für sie nur noch lästig und völlig egal.
Viele verdienen dann auch mehr als in ihren Berufen,
daher wollen sie Abgeordneter werden,
sie scharren geradezu mit den Hufen.
Sie sind auch selten bereit, ihren Platz zu räumen,
selbst wenn sie schuldhaft ihre Pflichten versäumen.
Da sie auch Gesetze erlassen,
die den Bürgern gar nicht passen,
müssen sie vertrauenswürdig sein,
damit man deren Notwendigkeit sieht ein.
Doch wie andere die Hemden,
wechseln manche ihre Frauen.
Kann man solchen Leuten trauen?
Vielleicht kommen sie mit einem Gesetzesvorschlag zur
Abschaffung der Monogamie in unserm Land,
dann hätten sie gleich mehrere Frauen
wie im Orient zur Hand.
Manche tun liberal und fordern Freigaben,
um Hasch und Drogen erlaubt zur Hand zu haben.
Sie entscheiden nicht immer nach ihrem Gewissen,
dem Koalitionszwang sie sich manchmal
beugen müssen.
Sie tragen dann keine Verantwortung und schlafen
ruhig auf ihren Kissen.

Sie schreiben uns vor, was erlaubt ist oder was nicht.
Verbieten wollen sie in Kantinen
jegliches Schweinegericht.
Sie fordern Rücksicht auf Rituale anderer Religionen:
Esst gefälligst ohne Speck eure Bohnen.
Sie rufen auf zu Toleranz und Verstehen,
doch mit den politischen Gegnern
sie nicht pfleglich umgehen.
Sie nennen sie Pack und würden sie gern
stecken in einen Sack.
Sie wollen nicht mehr Auto fahren lassen, die Alten!
Wartet mal ab, auch ihr kriegt mal Falten.
Sie würden gern schalten und walten,
wie es ihnen gefällt,
aber dafür brauchen sie unser Steuergeld.
Im Wahlkampfgetümmel
versprechen sie uns das Blaue vom Himmel.
Wer daran glaubt, hat eine Sandburg bei Sturm erbaut.
Wir sind das Volk, das sollten wir wissen
und nicht vergessen.
Manche haben viel zu lange
in den Parlamenten gesessen.
Denkt daran vor der nächsten Wahl!
Schaun wir mal.

Arztkittel

In manchen Krankenhäusern herrscht große Not,
es gibt gefährliche Keime,
und wer sie sich einfängt, ist manchmal schnell tot.
Die Forschung hat ergeben,
dass sie selbst an den Ärmeln der Arztkittel kleben.
Zu fordern wäre jetzt: »Kittel weg, Polohemd her!«
Doch diese Veränderung
fällt den Klinikärzten so schwer.
Man muss sich fragen,
warum sie die weißen Kittel so gerne tragen.
Der »Kittel« ist für Ärzte Statussymbol und Uniform.
Er ist kurz oder lang und unterliegt keiner Norm,
nur lange Ärmel haben alle,
sie werden für viele Keime zur Falle.
Er wird mit Kompetenz verbunden,
ihn trägt ein Experte, der lässt mich gesunden.
Das Tragen des Kittels allein
bringt den Ärzten schon Vertrauen und
Hochachtung ein.
Wenn sie den Kittel tragen,
nennt man sie »Doktor«, ohne nach dem Titel zu fragen.
Warum sollen sie sich mit einer Promotion noch plagen?
Mit dem Kittel haben sie den Titel, das ist nun mal so,
sie sind miteinander verbunden
wie der Tanga mit dem Po.
Muss man noch fragen,
warum sie den Kittel so gern tragen?
In den Kitteln stolzieren sie auf den Gängen umher,

mit dem Pflegepersonal
verwechselt man sie so auch nicht mehr.
Weiß muss der Kittel sein,
das vermittelt den Eindruck von reinlich und fein.
Nur Chirurgen, die sind gewitzt,
tragen farbige Kittel, weil das Blut schon mal spritzt.

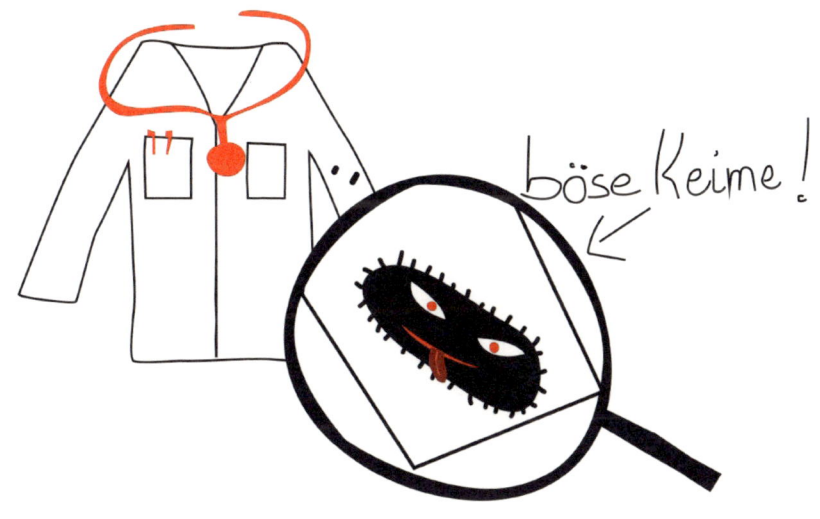

Inhalt

1. Liebe — 7
2. Romeo und Julia — 8
3. Na und — 9
4. Ohne ihn — 10
5. Synchron — 11
6. Sehnsucht — 12
7. Allein — 13
8. Eifersucht (kurz) — 15
9. Eifersucht — 16
10. Warum? — 18
11. Verloren — 19
12. Trennung per sms — 20
13. Lust und Leidenschaft — 21
14. Das Kleeblatt — 25
15. Rätsel — 26
16. Das ist Glück — 27
17. Der Frühling — 31
18. Sommerfrust — 33
19. Sommerbild — 34
20. Der Herbst — 35
21. Der Winter — 37
22. Winterzeit — 39
23. Weihnachtseinkäufe — 40
24. Weihnachtsmärkte — 43
25. Der Morgen — 47
26. Die Nacht — 48
27. Das Gänseblümchen — 51
28. Der Apfel — 52

29.	Der Hund	54
30.	Das Bett	57
31.	Die Hände	58
32.	Der Tod	60
33.	Das Alter	62
34.	Träume	65
35.	Abschied	67
36.	Ich lebe noch	68
37.	Der Schönheitswahn	71
38.	Jugendwahn	73
39.	Werbung	75
40.	Frauen	77
41.	Der Bindestrich	79
42.	Ratschlag	82
43.	So behält man seinen Mann	83
44.	Erben und Vererben	85
45.	Endlich weg	87
46.	Hätte und wäre	88
47.	Die Gier	89
48.	Stoßgebete	93
49.	Faulheit	94
50.	Politiker	96
51.	Arztkittel	98

Von der Autorin bereits erschienen:

Menschen, Macken, Morde
96 Seiten
978-3-7357-3088-6

Töchter, Mütter, die Ehe, das Alter – das Leben sorgt für viele Themen, Menschliches und Zwischenmenschliches. 22 Texte zum Mit- und Nachdenken werfen mal einen melancholischen, mal einen kämpferischen und oft einen augenzwinkernden Blick auf das Leben und seine Untiefen. Ob Midlife Crisis, Golfplatz, Nachbarschaft oder Bettenkauf, überall lauern kleinere und größere Herausforderungen. Aber es wird auch unheimlich – wenn Geliebte sich in Fische verwandeln, Rache seltsame Formen annimmt und böse, böse Mädchen sich nichts mehr bieten lassen wollen.